Leselöwen

Geschichten von Pferden und Ponys

Loewe

Bibliografische Information Der Deutschen Bibliothek
Die Deutsche Bibliothek verzeichnet diese Publikation
in der Deutschen Nationalbibliografie; detaillierte bibliografische
Daten sind im Internet über *http://dnb.ddb.de* abrufbar.

Der Umwelt zuliebe ist dieses Buch
auf chlorfrei gebleichtem Papier gedruckt.

ISBN 3-7855-5523-7 – 1. Auflage 2005

Als Einzelbände bereits beim Verlag erschienen:
Leselöwen-Ponyhofgeschichten
Leselöwen-Reiterferiengeschichten
Umschlagillustration: Anne Wöstheinrich
Reihenlogo: Angelika Stubner
Reihengestaltung: Andreas Henze

www.loewe-verlag.de

10 Jahre Loewe Leseleiter

Das Erfolgskonzept zum Lesenlernen

Inhalt

Ponyhofgeschichten

Reiterferiengeschichten

Anne Braun

Ponyhofgeschichten

Zeichnungen von Dorothea Ackroyd

Die Überraschung

Miriam rannte zum Geburtstagstisch. Komisch! Da lag kein Päckchen, sondern nur ein Briefumschlag neben ihrem Frühstücksteller. Neugierig machte sie ihn auf und holte eine Karte mit Goldrand heraus. „Gutschein für zehn Reitstunden auf dem Ponyhof“ stand darauf.

Miriam machte ein langes Gesicht. „Aber ich will nicht reiten“, rief sie. „Ich wollte ein Spielzeugpony. Ihr wisst genau, dass ich Angst habe vor richtigen Tieren!“

„Wart's ab“, sagte die Mutter. „Es wird dir gefallen.“

„Ein Ponyhof ist genau das Richtige für dich“, sagte der Vater.

Miriam war sauer. Sie hatte nicht die geringste Lust auf den Ponyhof.

Trotzdem fuhr Miriam am nächsten Sonntag mit ihren Eltern zum Ponyhof. Ihre Eltern gingen gleich auf die Koppel. Am liebsten hätte Miriam auf der Stelle kehrtgemacht. Nie im Leben würde sie ein Pony auch nur anfassen! Ihre Eltern würden sich noch wundern!

Als Miriam unschlüssig neben der Stalltür stand, kam ihr ein Mädchen entgegen. Es führte ein Pony an einem Seil. Weil das Mädchen den Kopf drehte und etwas in den Stall zurückrief, stieß es mit Miriam zusammen.

„Oh, Entschuldigung“, rief das Mädchen. „Hab ich dir wehgetan?“

Miriam schüttelte den Kopf. Sie hatte einen Kloß im Hals.

„Du bist neu hier“, sagte das Mädchen. „Übrigens, ich heiße Sonja. Und du?“

„Miriam“, flüsterte Miriam.

„Mist!“, sagte Sonja plötzlich. „Jetzt hab ich meine Handschuhe im Stall liegen lassen. Hältst du kurz mein Pony?“

Miriam machte ängstlich einen Schritt rückwärts.

„Hey, du hast doch nicht etwa Angst?“, fragte Sonja lachend. „Mach dir nichts draus. Mir ging es früher genauso. Aber inzwischen bin ich fast jeden Tag hier.“

Miriam kaute an ihrer Unterlippe.

„Ponys sind die liebsten Tiere der Welt“, fuhr Sonja fort. „Wollen wir zu dritt in den Stall gehen? Komm!“

Miriam gab sich einen Ruck und folgte Sonja und ihrem Pony Maxl.

Maxl blieb brav stehen, während Sonja ihre Handschuhe aus seiner Box holte.

„Schau, er möchte gestreichelt werden“, sagte Sonja. „Willst du es versuchen?“

Miriam zögerte zuerst. Doch dann streckte sie die Hand aus und berührte vorsichtig die weiche Mähne des Ponys. Wie flauschig sie sich anfühlte!

„Und jetzt verrate ich dir, wie du ihn dir zum Freund machst“, sagte Sonja.

Sie nahm zwei Zuckerstücke aus ihrer Hosentasche. Das eine legte sie auf ihre flache Hand und streckte sie dem Pony hin. Maxl stülpte die Lippen vor und nahm den Zucker in sein Maul.

„Jetzt du!“, sagte Sonja und drückte Miriam das andere Zuckerstückchen in die Hand.

Miriam streckte langsam die Hand aus. Ob Maxl sie beißen würde? Maxls Lippen fühlten sich zart an, fast wie Samt! Und schon war der Zucker im Ponymaul verschwunden.

„Braves Tier“, sagte Miriam und war richtig stolz auf sich. Sie fuhr noch einmal durch Maxls zottelige Mähne.

„Ist er nicht lieb?“, fragte Sonja. „Weißt du, was? Du führst ihn jetzt auf die Koppel. Hast du Lust? Ich bin ja dabei!“

Miriam war so begeistert von Maxl und von ihrem eigenen Mut, dass sie nickte.

Ihre Eltern staunten nicht schlecht, als sie Miriam wenig später mit einem Pony am Strick und einem fremden Mädchen aus dem Stall kommen sahen. Die beiden Mädchen redeten und lachten.

„Na, hab ich es nicht gleich gesagt?“, sagte Miriams Vater schmunzelnd. „So ein Ponyhof ist genau das Richtige für unsere Tochter.“

Wer rettet das Zirkuspony?

Benjamin ist heute zum ersten Mal allein im Zirkus. Es ist eine Nachmittagsvorstellung. Deshalb sind fast nur Kinder da. Nach dem Clown kommt endlich die Ponynummer. Benjamin findet Ponys toll.

Die Zirkusponys laufen im Kreis. Ein Mädchen führt die tollsten Kunststücke auf dem Rücken der Ponys vor. Es trägt ein silbernes Trikot. Auf dem einen Pony macht es zuerst einen Handstand, dann

einen Salto. Danach landet es auf dem Rücken des Ponys dahinter. Zum Schluss stehen die drei Ponys in einer Reihe nebeneinander. Auf ein Kommando des Mädchens stellen sich alle auf ihre Hinterfüße und machen „Männchen“. Benjamin mag es, wenn Ponys „Männchen“ machen.

Doch plötzlich lässt jemand in der hinteren Reihe einen Luftballon platzen. Benjamin zuckt zusammen. Auch eines der Ponys erschrickt so sehr, dass es stolpert und hinfällt. Danach will es nicht mehr aufstehen. Der Clown von vorhin kommt in die Manege gelaufen und führt das humpelnde Pony hinaus.

Benjamin kann den Rest der Vorstellung gar nicht mehr genießen. Das arme Pony geht ihm nicht aus dem Kopf. Deshalb läuft er nach der letzten Nummer zu den Zirkuswagen.

Da hört er den Zirkusdirektor mit dem Mädchen im silbernen Trikot reden. „Bonny muss weg, und fertig! Er ist eh schon alt. Und ständig hat man mit ihm Ärger."

Benjamin schleicht näher.

„Aber er war doch immer so lieb", sagt das Mädchen. „Er hat es sich verdient, dass er bei uns bleiben darf."

„Unsinn", widerspricht der Direktor. „Wir können uns keine unnützen Mäuler leisten. Das Bein ist womöglich gebrochen. Er muss eingeschläfert werden."

Benjamin ist entsetzt. Das darf doch nicht wahr sein! Dann hat er eine Idee. Er nimmt all seinen Mut zusammen und geht zum Direktor hin. „Kann ich das Pony haben? Ich weiß einen guten Platz für es."

„Meinetwegen“, murrt der Direktor. „Jetzt wo Bonny humpelt, können wir nichts mehr mit ihm anfangen.“

Benjamin streichelt Bonny über das schimmernde braune Fell. Dann bedankt er sich bei dem Zirkusdirektor und bindet ein Seil an Bonnys Halfter. Brav lässt das Pony sich von ihm führen. Zum Glück wohnt Benjamin nicht weit weg.

Seine Eltern sind natürlich entsetzt, als Benjamin mit einem Pony ankommt.

„Aber ich will es doch nicht hier behalten“, beruhigt Benjamin seine Eltern. „Ich rufe Onkel Willi an. Auf seinem Hof ist bestimmt noch Platz für ein armes, altes Pony.“

Onkel Willi hat einen Bauernhof mit Hühnern, Kühen und fünf Ponys. Die Ponys leiht er an Kinder zum Reiten aus.

„Klar!“, sagt Onkel Willi. „Ich komme später vorbei.“

Am gleichen Abend lädt Onkel Willi Bonny auf seinen Anhänger. Als er das Bein sieht, schüttelt er den Kopf. „Das wird wahrscheinlich nie mehr richtig heilen“, sagt er. „Bei einem so alten Pony erst recht nicht.“

„Das glaub ich nicht!“, sagt Benjamin. „Bonny muss einfach wieder gesund werden!“

Die Kinder, die regelmäßig auf Onkel Willis Hof zum Reiten kommen, lachen,

als Benjamin sein humpelndes Pony in den Stall führt.

„Was willst du denn mit dem alten, kranken Klepper?“, ruft Julian spöttisch.

Aber Benjamin hört nicht hin. Endlich hat er ein eigenes Pony, und dazu ein ganz besonderes.

Jeden Nachmittag nach der Schule geht er zu Onkel Willis Hof, um sich um Bonny zu kümmern. Er stützt sein verletztes Bein mit einer elastischen Binde und führt ihn über den Hof, damit er das Laufen nicht verlernt. Und tatsächlich – mit jedem Tag humpelt Bonny etwas weniger.

Als er eines Tages überhaupt nicht mehr humpelt, hat Benjamin eine Idee. Er will sehen, ob Bonny die Kunststücke aus dem Zirkus noch kann.

Hinter der alten Scheune, wo selten jemand hinkommt, versucht er es. „Und hoooooch!“, ruft er wie das Mädchen vom Zirkus.

Sofort schwingt Bonny die Vorderfüße in die Luft und steht fast eine Minute lang nur auf den Hinterfüßen. Danach schaut er Benjamin fragend an.

„Gut gemacht, Bonny", sagt Benjamin und gibt ihm ein Stück Würfelzucker.

Auch die anderen Tricks beherrscht Bonny noch alle. Wenn Benjamin anfängt zu singen, dreht Bonny sich im Kreis. Wenn er „Und tiiiief!" ruft, knickt er die Vorderfüße ein.

Eines Tages kommen die anderen Kinder zufällig dazu.

„Mann, das ist ja toll!", ruft Julian. „Dein Bonny ist eine richtige Attraktion." Er überlegt. „Du, sag mal", beginnt er dann zögernd. „Wir machen übernächsten Samstag ein Schulfest. Wir sammeln Geld für leprakranke Kinder in Afrika. Hättest du nicht Lust, mit deinem Bonny aufzutreten? Das wäre *die* Sensation!"

„Was? Mit *dem* alten Klepper?", fragt Benjamin spöttisch.

Julian versteht. „War doch nicht so gemeint“, murmelt er.

„Na schön, Entschuldigung angenommen“, sagt Benjamin großzügig. „Wenn es für einen guten Zweck ist, werden Bonny und ich kommen.“

Benjamin weiß, dass Bonny ihn nicht enttäuschen wird. Und er weiß auch, dass Bonny sich über den Applaus freuen wird. Das wird für ihn sein wie zu Hause im Zirkus.

Mein Sammy, dein Sammy

Sina und Monja gucken ständig aus dem Fenster.

„Hurra, da ist der Ponyhof!“, ruft Sina plötzlich. Sina und Monja sind schon im Kindergarten die besten Freundinnen gewesen. Und auch jetzt, wo sie längst in die Schule gehen, machen sie am liebsten alles zu zweit. Kein Wunder, dass sie sich riesig auf die gemeinsamen Ponyhofferien freuen. Eine Woche lang von morgens bis abends Ponys, Ponys, Ponys!

Auf dem Ponyhof empfängt sie eine junge Frau in Jeans. „Herzlich willkommen. Ich bin Anna, die Besitzerin“, erklärt sie. Sie begleitet die Neuankömmlinge in ihr Zimmer.

Nachdem die beiden Mädchen ihre Sachen im Schrank verstaut haben, stürmen sie nach unten. Sie wollen gleich die Ponys im Stall anschauen.

Mit leuchtenden Augen gehen Monja und Sina an den Boxen vorbei. Dort stehen insgesamt zwölf Ponys: schwarze, weiße, braune und gescheckte. Neugierig schauen sie den beiden Besucherinnen entgegen und lassen sich gerne die Mähne kraulen.

„Ich weiß schon, auf welchem ich reiten werde“, sagt Monja.

„Ich auch“, sagt Sina. „Auf dem niedlichen Schimmel dort. ‚Sammy‘ steht an seiner Box.“

„Nein, den wollte ich haben“, ruft Monja.

„Nein, ich!“

„Nein, ich!“

Keine von beiden will nachgeben. Da laufen sie wütend aus dem Stall.

Monja verschwindet in ihrem Zimmer, doch Sina geht heimlich zu Anna und fragt, ob sie die Woche über auf Sammy reiten darf.

„Meinetwegen“, antwortet Anna. „Die Ponys wurden noch nicht zugeteilt.“

Nach dem Mittagessen trifft sich Anna mit Sina, Monja und sechs anderen Kindern im Stall. Jedes Kind darf sich ein Pony aussuchen. Sina geht zielsicher zu Sammys Box.

„He!“, ruft Monja. „Du tust ja so, als ob Sammy dir gehören würde!“

Sina zuckt mit den Schultern. „Ich tu nicht nur so. Anna hat es mir erlaubt!“

Da begreift Monja. „Du gemeine Kuh!“, zischt sie und dreht Sina den Rücken zu. Dann entscheidet sie sich schnell für Schlingel, ein braunes Pony mit einer hellen Mähne.

Monja gibt Schlingel eine Mohrrübe zum Knabbern, damit er sich an sie gewöhnt. Dann nimmt sie ihn am Strick und führt ihn auf die Koppel.

Anna hilft den Kindern beim Aufsteigen. Dann zockeln alle hintereinander im Kreis.

Monja merkt bald, dass Schlingel ein liebes Tier ist. Sie versteht sich gut mit ihm. Aber sie ist trotzdem stinksauer auf Sina. Eine gute Freundin hätte so etwas niemals getan!

Nach dem Reiten müssen die Kinder die Ställe ausmisten und die Ponys striegeln. Das macht sogar Spaß! Monja lacht mit den anderen Kindern. Mit Sina redet sie jedoch kein Wort.

Sina und Monja sagen sich abends nicht einmal Gute Nacht. Auch am nächsten Tag gehen sich die beiden aus dem Weg.

In der zweiten Nacht kann Sina lange nicht einschlafen. Es tut ihr Leid, dass Monja sie nicht mehr mag. Plötzlich hört sie ein leises Wiehern aus dem Stall. Soll sie die anderen wecken? Lieber nicht. Sina will allein nachschauen, was im Stall los ist.

Zum Glück ist Vollmond, und sie findet den Weg zum Stall mühelos. Aber ein bisschen Angst hat sie schon.

Sammy wälzt sich in seiner Box und wiehert. Bestimmt hat er Schmerzen. Was jetzt? Sammy braucht Hilfe!

Streit hin oder her – das hier ist ein Notfall! Sina muss mit Monja reden! Sie rennt ins Haus zurück und weckt sie.

Monja ist sofort hellwach. „Wir müssen Anna holen“, sagt Monja. „So was kann gefährlich sein.“

Anna sieht auf den ersten Blick, was los ist, und ruft den Tierarzt an. Er kommt gerade noch rechtzeitig. „Sammy hat eine Darmverschlingung“, sagt er. „Das hätte schlimm ausgehen können. Aber zum Glück hast du das Pony ja wiehern hören. In zwei, drei Tagen ist Sammy wieder gesund.“

„Du“, sagt Sina vorsichtig zu Monja, „ich hab eine Idee. Wenn Sammy wieder gesund ist, können wir ja abwechseln. Du reitest morgens auf Schlingel und nachmittags auf Sammy und ich umgekehrt.“

Monja lächelt. „Einverstanden“, sagt sie. „Gute Freundinnen teilen alles.“

Ponyrennen mit Hindernissen

Svenja, Timo und neun andere Kinder hatten eine aufregende Woche auf dem Ponyhof hinter sich. Inzwischen kannten sie die fünfzehn Ponys längst mit Namen. Sie waren täglich auf ihnen geritten, hatten sie gefüttert und auch beim Ausmisten geholfen.

Heute, am Sonntagnachmittag, würden die Eltern kommen, um ihre Kinder abzuholen. Doch zum Abschluss gab es noch etwas ganz Besonderes: ein

Kutschenrennen mit Preisen. Svenja und Timo konnten es kaum erwarten.

Bei der Auslosung am Vorabend hatten ausgerechnet Svenja und Timo die beiden schnellsten Ponys zugeteilt bekommen. Jeder der beiden wollte unbedingt gewinnen. Das würde ein spannendes Kopf-an-Kopf-Rennen werden!

Als alle Eltern angekommen waren, spannten die Kinder auf dem großen Hof ihre Ponys ein.

„Dir werd ich's zeigen!“, dachte Timo und warf einen Seitenblick auf Svenja.

„Du wirst dich noch wundern, wenn du denkst, dass du gewinnst“, dachte Svenja und warf einen Seitenblick auf Timo.

Als das Startkommando ertönte, ließen

die Kinder ihre Ponys losstürmen. Bald lagen Svenja und Timo in Führung. Der Wind pfiff ihnen um die Ohren, und sie hörten das gleichmäßige Getrappel der Ponyhufe.

Jetzt kam ein kleines Waldstück. Die beiden kannten die Strecke gut und bereiteten sich auf eine scharfe Rechtskurve vor.

Um Timo endgültig abzuschütteln, beschloss Svenja, die Kurve abzukürzen. Sie zog heftig am rechten Zügel. Ihr Pony gehorchte und geriet auf den weichen Waldboden. Plötzlich gab der Boden unter dem linken Vorderhuf nach. Ein Mäuseloch! Das Pony strauchelte, und die Kutsche samt Svenja kippte um.

„Au!“, schrie Svenja. „Mein Bein ist eingeklemmt.“

Timo, der hinter ihr die scharfe Kurve sauber ausfuhr, lenkte sofort sein Pony seitlich auf die Wiese und stoppte. Dann rannte er zu Svenja.

Da die Kutsche zum Glück recht leicht war, konnte Timo sie ein Stück hochheben. Svenja zog ihr Bein hervor und schrie auf.

„Warte, ich hole Hilfe!“, rief Timo. Er schirrte sein Pony aus und ritt schnell zum Ponyhof zurück.

Die Frau des Ponyhofbesitzers, Beate, war Krankenschwester und kam sofort zur Unfallstelle. „Du hast ganz schön Glück gehabt!“, sagte sie zu Svenja. „Dein Fuß ist nur leicht verstaucht. Und dem Pony ist auch nichts passiert. Sogar die Kutsche ist heil geblieben.“

„Tut mir Leid, dass dir meinetwegen der erste Preis flöten ging“, murmelte Svenja. Sie saß neben Timo auf der Bank beim Ziel und rieb sich das noch etwas schmerzende Schienbein.

„Ach, das macht doch nichts“, meinte Timo. „Hauptsache, du bist gesund!“

„Trotzdem danke!“, sagte Svenja und lächelte Timo an.

Der lächelte zurück. Nach dem Rennen fand die Preisverleihung statt. Alle klatschten, als Beate den ersten Preis an Bianca, den zweiten an Britta und den dritten an Yvonne übergab. Dann sagte sie: „Ich hoffe, dass es euch allen hier gefallen hat. Und kommt bald wieder! Ach, beinahe hätte ich noch etwas vergessen. Ausnahmsweise wird heute noch ein Sonderpreis verliehen. Er besteht aus fünf Gratis-Reitstunden. Dieser Preis geht an Timo Müller, weil er nicht nur sportlich, sondern auch hilfsbereit war.“

Vor Freude bekam Timo einen ganz roten Kopf. Svenja gab ihm einen Schubs. „Los, geh schon!“, flüsterte sie.

Langsam setzte sich Timo in Bewegung. Und der Applaus, der jetzt ertönte, war der lauteste der ganzen Preisverleihung.

Ein aufregender Geburtstag

„Was? Du willst deine ganze Klasse einladen?“, fragte Markus’ Mutter überrascht.

„Klar, man wird schließlich nur einmal im Leben acht, oder?“, fragte Markus zurück.

Und natürlich darf er ein Fest feiern, wie er es sich gewünscht hat: mit einem Picknick im Grünen und seiner ganzen Klasse.

Markus’ Eltern haben einen Ponyhof. Deswegen freuen sich die Gäste doppelt. Denn es ist nicht nur eine Geburtstagsfeier. Jeder darf auch reiten. Die Ponys sind alle sehr zahm.

Zum Glück ist an Markus’ Geburtstag herrliches Wetter. Die Kinder haben viel Spaß. Nachdem jedes Kind geritten ist, machen sie im Hof vor dem Stall Spiele: Sackhüpfen und Mohrenkopfwettessen.

An die Ponys denkt niemand mehr. Auch nicht, als Markus' Mutter, die gerade frische Limonade bringt, zum Himmel schaut und sagt: „Diese Wolken dort hinten gefallen mir nicht. Das sieht nach einem Gewitter aus."

„Niemals, Mami!", ruft Markus entrüstet. „An meinem Geburtstag regnet es nicht."

„Wenn das so ist", sagt seine Mutter nur und verschwindet wieder im Haus.

Plötzlich fallen die ersten Tropfen. In der Ferne dröhnt ein Donner.

„Die Ponys sind noch auf der Weide!", ruft Markus. „Kommt alle mit! Wir müssen sie einfangen."

Die zwanzig Kinder stürmen zur Weide. Übermütig versuchen sie, die Ponys einzufangen. Das ist gar nicht so einfach. Die Ponys rennen nervös über die Weide.

Doch die Kinder sind in der Überzahl. Bald sind alle Ponys in Sicherheit. Bis auf eines: Waldemar. Er entwischt durch das offene Gatter. Markus ruft den anderen zu: „Alex und ich laufen ihm nach. Bringt ihr inzwischen die Ponys in den Stall.“

Markus und Alex rennen, so schnell sie können. Vor lauter Regen können sie kaum etwas sehen.

„Da vorne!“, schreit Alex plötzlich.

Waldemar steht vor einem Bach und traut sich nicht weiter.

„Waldemar!“, ruft Markus glücklich. „Was machst du denn für Sachen?“

Klatschnass kehren Markus und Alex mit Waldemar zum Ponyhof zurück.

Markus reitet auf seinem Rücken. Die anderen Kinder begrüßen die beiden mit „Zum Geburtstag viel Glück!“ und tanzen neben dem Pony her. Der Regen hat nachgelassen.

Die Kinder feiern in der großen Scheune weiter. Erschöpft lassen sie sich auf den Holzbänken nieder und stärken sich erst mal mit Würstchen.

„Das war vielleicht spannend“, sagt Alex.

„Und lustig“, fügt Maria hinzu.

„Aber ich finde es eine Frechheit, dass es an meinem Geburtstag geregnet hat!“, ruft Markus. Doch dabei grinst er von einem Ohr zum anderen.

Katja setzt sich durch

Katja ist acht Jahre alt und weiß ganz genau, was sie will. Nur ihre Eltern scheinen das noch nicht begriffen zu haben.

Beim Mittagessen sagte sie zu ihnen: „Habt ihr schon gesehen, was für niedliche Ponys es auf dem Ponyhof gibt? Ich möchte unbedingt reiten lernen."

„Aber Katja", antwortete ihre Mutter kopfschüttelnd. „Du hast deine Schulaufgaben, den Klavierunterricht und die Ballettstunden. Das reicht."

„Bitte, Papi", bettelte Katja und machte ganz große Augen. Damit bekam sie ihren Vater oft weich.

Aber der schüttelte nur den Kopf.

„Außerdem wird man beim Reiten schmutzig, denk nur an die Ställe", sagte ihre Mutter.

Katja dachte: „Dann muss es eben auch so gehen."

Gleich am nächsten Tag marschierte sie zu Herrn Maikamp, dem Besitzer des Ponyhofs. „Kann ich Reitstunden bekommen, wenn ich ab und zu beim Ausmisten der Ställe helfe?"

Herr Maikamp lachte. „Klar! Wenn du so wild aufs Ausmisten bist! Wir können jede Hand gebrauchen."

Ab da kam Katja zweimal in der Woche zum Ponyhof. Ihren Eltern sagte sie, sie sei bei ihrer Freundin Maria. Katja mistete aus, striegelte die Ponys und verteilte das Futter. Dafür durfte sie auf Silver, einem Shetlandpony, reiten lernen. Die beiden verstanden sich prima.

Als Katja mal wieder im Stall stand und ausmistete, kam Herr Maikamp dazu. „Na, schon fertig?", fragte er. „Übrigens, am Sonntag in einer Woche findet ein großes Fest statt. Zehn Jahre Ponyhof Maikamp. Willst du nicht mit deinen Eltern kommen? Dann können sie sehen, welche Fortschritte du schon gemacht hast."

Katja biss sich auf die Lippen. Es stimmte, sie konnte schon ziemlich gut reiten. Sie traute sich sogar schon, über einen Baumstamm zu springen. Und ihre Eltern würde sie irgendwann einweihen müssen. Wenn sie nicht sowieso schon etwas ahnten. Sie ging in letzter Zeit auffällig oft zu ihrer Freundin Maria.

„Gerne!", sagte sie zu Herrn Maikamp. „Meine Eltern freuen sich bestimmt." Vielleicht taten sie das ja wirklich!

„Aber Katja", sagte ihre Mutter, als Katja sie fragte. „Hast du noch nicht aufgegeben? Reiten ist doch nichts für dich."

„Trotzdem, Mami", sagte Katja. „Bitte!"

So kam es, dass Katja mit ihren Eltern an diesem Sonntag zum Ponyhof ging. Viele Leute waren gekommen. Katjas Eltern stießen rasch auf Bekannte. Deshalb bemerkten sie nicht, dass ihre Tochter bald in der Menge verschwand. Erst als Herr Maikamp über Mikrofon

verkündete, dass gleich eine Ponyformation vorgeführt würde, hielten sie nach Katja Ausschau. Doch sie war nirgends zu sehen.

Wenig später kamen sechs Reiterinnen auf Ponys aus dem Stall geritten. Katja saß auf ihrem geliebten Silver.

„Sag mal, das Mädchen auf dem dritten Pony, ist das nicht unsere Katja?“, fragte Katjas Vater erstaunt.

Die Mutter nickte nur mit offenem Mund.

Katja ritt fehlerfrei in der Formation mit. Ab und zu schielte sie zu ihren Eltern hinüber. Aber ansonsten konzentrierte sie sich natürlich auf ihr Pony und die Gruppe.

Nach der Vorführung klatschten die Zuschauer begeistert Beifall. Langsam schlenderte Katja danach zu ihren Eltern.

„Das hat sie von dir", sagte ihr Vater gerade zu ihrer Mutter.

„Oh nein, diesen Dickschädel kann sie nur von dir haben", widersprach die Mutter.

„Im Grunde bin ich stolz darauf, dass unsere Tochter ihren eigenen Kopf hat“, sagte der Vater schmunzelnd. „Ich weiß zwar noch nicht, wie sie es angestellt hat, aber das werden wir noch erfahren.“

„Nun ja, wenn es ihr so großen Spaß macht“, sagte die Mutter schulterzuckend.

„Ich darf also weiter reiten?“, rief Katja und fiel zuerst ihrer Mutter, dann ihrem Vater um den Hals. „Danke! Ihr seid die liebsten Eltern der Welt!“

Mohrle und Felix

Seit ein paar Tagen geht Felix immer wieder zu der Weide beim Ponyhof. Auf dieser Weide stehen viele Ponys: braune, weiße, gescheckte und auch ein ganz schwarzes. Dieses schwarze Pony ist Felix' Lieblingspony. Ihm bringt er immer etwas mit: ein Stück Würfelzucker, einen Apfel oder eine Karotte. Inzwischen kennt es ihn schon. Es kommt immer an den Zaun gelaufen, wenn er „Mohrle" ruft.

„Mist!", denkt Felix. „Warum kann ich kein eigenes Pony haben?" Er wünscht es sich so sehr. Aber solange sein Vater noch arbeitslos ist, können die Eltern Felix nicht mal seine Reitstunden bezahlen.

Felix seufzt. Er streckt seine Hand zwischen den Drähten des Zauns hindurch und krault „sein" Pony an den frechen Ponyfransen, die bis über seine blitzenden Augen fallen. Das gefällt

Mohrle. Er schaut Felix dabei immer mit seinen großen, dunkelbraunen Augen an.

Wie gerne würde Felix einmal auf ihm reiten. „Na, was meinst du dazu, Mohrle?“, fragt er das Pony.

Mohrle schüttelt seine schwarze Mähne. Das heißt eindeutig ja. Felix hat noch nie gesehen, dass jemand auf ihm geritten ist. Die anderen Ponys durften oft ausreiten.

„Hey, was machst du da mit meinem Blacky?“, hört Felix plötzlich eine Stimme hinter sich.

Felix dreht den Kopf. Hinter ihm steht ein hübsches blondes Mädchen im Reitdress, mit Reiterkappe und Gerte.

„Oh, nichts, entschuldige“, sagt Felix betreten. Er wendet sich ab und geht auf die andere Seite des Gatters. Von dort aus beobachtet er die anderen Ponys.

Das Mädchen holt „seinen“ Mohrle von der Weide. Dann reitet es auf ihm davon.

Felix geht langsam wieder nach Hause. Auf dem Heimweg stößt er auf eine verzweifelte Reiterin. Das ist ja das blonde Mädchen von vorhin! Aber was ist mit Mohrle, nein, mit Blacky los? Blacky will offenbar nicht wie das Mädchen. Er bockt und geht einfach nicht mehr weiter. Die Reiterin schlägt ein paarmal mit der Gerte auf ihn ein.

„Hör sofort damit auf!“, ruft Felix und springt hinzu. „Lass mich das machen.“

Das fremde Mädchen nickt erleichtert.

Felix nimmt Blacky am Zaumzeug und führt ihn. Er geht brav mit.

Das fremde Mädchen schweigt, bis sie kurz vor dem Hof sind. Dann steigt es ab. „Übrigens, ich heiße Chris“, sagt es. „Tut mir Leid, dass ich vorhin so unfreundlich war.“

Felix zuckt nur mit der Schulter. „Dafür durfte ich ja jetzt Blacky führen.“

„Eigentlich finde ich es gar nicht schlecht, dass du dich ein bisschen um Blacky kümmerst. Weißt du, ich habe wenig Zeit und Lust dazu. Meine Oma hat ihn mir zum Geburtstag geschenkt. Und meine Eltern haben hier auf dem Hof einen Platz für ihn gemietet. Hast du Lust, ab und zu auf ihm zu reiten? Ich komme höchstens einmal die Woche dazu." Sie lacht. „Und das mit wenig Erfolg."

„Darf ich das wirklich?“, ruft Felix mit strahlenden Augen.

„Klar“, sagt Chris. „Ich sage nachher gleich Herrn Schmid Bescheid. Dann kannst du meinen Blacky reiten, so oft du willst.“

Felix ist überglücklich. Das mit dem Reiten wird er sich nicht zweimal sagen lassen. Aber heimlich wird er Blacky wieder „Mohrle“ nennen!

Alexandra Fischer-Hunold

Reiterferiengeschichten

Zeichnungen von Anne Wöstheinrich

Windpocken und ein Fohlen

Im strahlenden Sonnenschein liegt der Reiterhof zwischen Wiesen und Wäldern. Auf der Weide entdeckt Melina Zeus, den schwarz-weißen Schecken. Er grast neben der Fuchsstute Hera und dem Rappen Noctus. Auf der Nachbarweide messen die Jährlinge ihre Kräfte.

Melina rennt in den Hof. Das ist vielleicht ein Hallo. Alle Kinder aus dem letzten Jahr sind wieder da.

Melina rast zum Stall. Als sie durch die Stallgasse geht, hält sie einen Moment inne und holt ganz tief Luft. Mit geschlossenen Augen genießt sie den würzigen Duft nach Pferd, ledernem Sattelzeug, Stroh und Pferdemist.

„Das riecht nach zwei Wochen Reiterferien!“, haucht Melina glücklich und zufrieden.

Mit einem vergnügten Satz eilt sie weiter. Da ist auch Jette, die liebe, gute Jette.

Ihr gehört der Reiterhof. Jette steht vor Cleos Box und streckt Melina die Arme entgegen.

„Jette“, kreischt Melina und rast los. Schon fliegt sie ihr in die Arme.

„Melina, mein Schatz!“, freut sich Jette und drückt Melina ganz fest. Dann deutet sie auf die Box vor ihnen.

„Hallo, Cleo“, flüstert Melina und klopft die Flanke der Schimmelstute.

Cleo stupst Melina liebevoll mit der Nase an und schnaubt zufrieden. Da spürt Melina, wie irgendetwas gegen ihr Bein drückt. Das muss das Fohlen sein, von dem ihr Jette in ihrem letzten Brief erzählt hat. Jetzt ist es endlich da! Melina geht in die Knie, um das Fohlen zu streicheln. Sein Fell ist wundervoll weich und schwarz-weiß gefleckt.

„Ist Zeus der Vater?“, fragt Melina.

„Ja“, antwortet Jette. „Hast du dir denn schon einen Namen für das Fohlen überlegt? Du darfst dir einen aussuchen!“

Melina überlegt. Dann reißt sie die Augen auf.

„Domino! Jette, es soll Domino heißen!“

Aber was ist das?

Jette ist verschwunden, und auch Cleo und Domino sind nicht mehr da!

Melina braucht einen Moment, bis sie versteht, wo sie ist. Sie ist zu Hause. In ihrem Bett. Mit Windpocken!

Eigentlich sollte sie schon längst in den Reiterferien sein. Bei Jette und den anderen Kindern. Und Cleos Fohlen. Doch ausgerechnet jetzt müssen diese schrecklichen, juckenden, hässlichen Dinger auftauchen.

Melina schaut in den Spiegel und betrachtet mit grimmigem Blick ihr Gesicht. Mit dem Finger zählt sie die roten Punkte.

Melina seufzt und lässt den Spiegel sinken.

„42 Windpocken! Gestern waren es doch nur 20!“, stöhnt sie.

Da kommt Mama ins Zimmer.

„Melina, Telefon für dich!“ Sie drückt Melina den Hörer in die Hand.

„Ja?“, meldet sich Melina traurig.

„Ich bin’s. Jette. Deine Mutter hat mir gerade gesagt, dass du die Windpocken hast. Schade! Hier wartet die ganze Truppe vom letzten Jahr auf dich. Nicht zu vergessen Cleo und ihr Fohlen“, sagt Jette.

„Ich wäre auch lieber bei euch“, seufzt Melina. Da kommt ihr eine Idee. „Sag mal, Jette, ist Zeus der Vater von Cleos Fohlen?“

„Woher weißt du das?“, wundert sich Jette.

„Betriebsgeheimnis“, gibt Melina geheimnisvoll zurück. „Und ist das Fohlen schwarz-weiß gescheckt?“

„Ja“, antwortet Jette total erstaunt.

„Dann solltet ihr es Domino taufen“, schlägt Melina vor.

„Toller Name. Aber taufen musst du es selbst“, sagt Jette.

„Aber ich kann nicht. Das weißt du doch“, widerspricht Melina. Erst jetzt merkt sie, dass Jette schon aufgelegt hat.

Fragend schaut sie ihre Mutter an.

„Ich habe mit dem Arzt gesprochen. Er sagt, dass du in die Reiterferien kannst, sobald du wieder gesund bist“, erklärt Mama und nimmt ihr den Hörer aus der Hand.

„Juhuuu!“, ruft Melina. Sie ist außer sich vor Freude. Dann dreht sie sich auf die Seite und flüstert: „Domino, Cleo, bald bin ich bei euch!“

Aller Anfang ist schwer

Habt ihr einen großen Bruder? Nein? – Glück gehabt!

Meiner heißt Julius, ist 14 und hält sich für megacool.

Zu mir sagt er Kleine. Dabei heiße ich Anna, bin schon neun und für mein Alter ziemlich groß.

Julius kann alles besser als ich: inlineskaten, Fahrrad fahren, klettern – einfach alles. Meint er! Nur eines kann er gar nicht, dafür beherrsche ich es umso besser: reiten.

Aber auch das kann Julius erklären: „Natürlich könnte ich reiten, wenn ich es wollte. Aber ich will nicht, denn Reiten ist kein richtiger Sport. Schließlich macht das Pferd die ganze Arbeit, während sich der Reiter faul tragen lässt!“

Der Typ nervt!

Als dann vergangenen Sommer endlich der letzte Schultag kam und ich in die

Reiterferien verschwinden konnte, war ich heilfroh. Kein nerviger Julius, aber dafür nette Mädels, traumhafte Pferde, Stallluft und strahlender Sonnenschein.

Doch als die Mädels und ich gerade die Pferde versorgt hatten, jaulte plötzlich eine mir nur allzu gut bekannte Fahrradhupe auf. Mein Bruder höchstpersönlich schoss, wie von der Tarantel gestochen, auf seinem neuen Rennrad in den Hof.

„Na, Kleine“, rief Julius und stieg vom Rad.

„Was willst du denn hier“, zischte ich ihm entgegen.

„Nina ist krank geworden und kann ihren Artikel für die Schülerzeitung nicht schreiben!“, erklärte Julius. „Jetzt muss ich das übernehmen. Und dabei brauche ich deine Hilfe!“

Ich musste mich ganz gewaltig verhört haben: *Mein* Bruder brauchte *meine* Hilfe?

„Der Artikel heißt ‚Aller Anfang ist schwer‘. Es geht um die erste Reitstunde“, fuhr Julius fort. „Viel zu lernen wird es nicht geben, schließlich macht das Pferd die ganze Arbeit, während sich der Reiter ...“

„Schon gut“, winkte ich genervt ab. Mit einem Lächeln zückte Julius Stift und Notizbuch und schaute mich erwartungsvoll an.

Beinahe hätte ich ihm treudoof alles erzählt. Aber zum Glück kam Martina,

unsere Reitlehrerin, über den Hof. Ein Gedanke schoss mir durch den Kopf.

„Meine erste Reitstunde ist schon so lange her. Ich kann mich gar nicht mehr genau daran erinnern“, log ich. „Aber warum nimmst du nicht selber eine Reitstunde?“ Bevor Julius widersprechen konnte, rief ich schnell: „Martina, kannst du meinem Bruder eine Longenstunde geben?“

Wenig später standen die Mädchen und ich am Abreitplatz. Martina ließ den Haflinger Talisman an der Longe im Zirkel gehen. Und Julius lehnte betont lässig am Zaun. Martina parierte Talisman durch und hieß Julius aufsitzen. Als sie ihm

erklären wollte, wie man das macht, winkte mein Bruder hochmütig ab: „Babykram! Kein Problem für mich!"

Das Aufsitzen klappte zu meinem Bedauern wirklich recht gut. Okay, es sah nicht gerade elegant aus, wie Julius sich da auf den Pferderücken wuchtete. Und Talisman schnaubte auch protestierend auf. Aber immerhin hatte es beim ersten

Anlauf geklappt! Wie auch immer, jetzt hatte ich meinen großen Bruder da, wo ich ihn haben wollte.

„Fersen runter. Gerade sitzen. Und halt dich am Sattelriemen fest“, sagte Martina.

„Sattelriemen?“, protestierte mein Bruder. „Ich nehme die Zügel!“

„Die kommen erst dran, wenn du dich beim Reiten nicht mehr festhalten musst“, erklärte Martina.

„Wer muss sich denn bei dem bisschen Gehoppel festhalten?“, schnaubte mein Bruder.

Martina warf mir einen Blick zu und verdrehte die Augen. Dann gab sie Talisman das Zeichen, im Schritt zu gehen.

„Wie ich es gesagt habe: Das Pferd macht die Arbeit“, tönte Julius großspurig.

„Wart's nur ab“, dachte ich mir im Stillen.

„Geht das nicht etwas schneller?“, fragte er ungeduldig, ließ den Sattelriemen los und nahm die Zügel auf. Wie ein Cowboy schleuderte er sie auf und ab und warf die

Beine rauf und runter. Aber dann schnalzte Julius unvorsichtigerweise mit der Zunge, und schon trabte Talisman an. Martina rief Julius Anweisungen zu. Aber er schien sie nicht zu hören. Mit knallrotem Kopf ließ er die Zügel los und krallte sich am Sattelriemen fest. Er rutschte mal nach links, mal nach rechts und konnte sich nur mit großer Mühe im Sattel halten.

„Anhalten! Bitte! Ich kann nicht mehr!“, bat Julius im gleichen Moment, in dem Martina Talisman zum Stehen brachte. Julius kraxelte aus dem Sattel. Breitbeinig wankte er auf mich zu.

„Sag jetzt nichts!“, bat er und rieb sich seinen offensichtlich schmerzenden Po.

Das war Julius’ erste Reitstunde. Und er

hatte seine Lektion gelernt. Nie wieder hat er gesagt, dass Reiten kein richtiger Sport ist. Den Artikel für die Schülerzeitung haben wir dann gemeinsam geschrieben. Und wir hatten sehr viel Spaß dabei. Und außerdem hat Julius mich gebeten, ihm Reitstunden zu geben. *Mich*, seine kleine Schwester!

Es geht ums Ganze

Vera und Max hocken auf zwei Strohballen im Stall.

„Okay“, sagt Max. „Fassen wir noch einmal zusammen: Wenn Komet das Springturnier am Ende der Reiterferien gewinnt, will Herr Schmidt ihn verkaufen.“

„Ja!“, schluchzt Vera. Mit tränenerfüllten Augen blickt sie zu Komets Box hinüber. Der Braune hat den Kopf weit herausgestreckt und guckt sie ebenso traurig an.

„Und weil Herr Schmidt seinen Sohn Tom für den besseren Reiter hält, soll der ihn reiten“, fährt Max fort.

„Ja. Das ist so ungerecht! Tom kümmert sich doch nie um Komet. *Ich* habe ihn die ganze Zeit trainiert, und ich will nicht, dass Herr Schmidt meinen Komet verkauft. Wenn ich doch nur was dagegen tun könnte!“, jammert Vera und wischt sich eine Träne aus dem Gesicht.

„Und du reitest jetzt Wotan im Turnier?“, fragt Max nachdenklich.

Vera seufzt wieder. Ja, sie wird Wotan reiten. Und der ist das krasse Gegenteil von Komet. Er ist springfaul und leider auch etwas langsam. Mit dem würde sie nie ...

Plötzlich ist Vera sehr aufgeregt.

„Max, ich hab's“, ruft sie und springt auf. „Es gibt nur einen Weg, Komet zu retten. Wotan und ich, wir müssen gewinnen.“

„Glaubst du an Wunder?“, fragt Max zweifelnd.

Vera rennt zu Komet und schlingt die Arme um seinen Hals.

„Ich schaff das. Mach dir keine Sorgen!“, flüstert sie ihm zu.

Von nun an trainiert Vera in jeder freien Minute den behäbigen Falben Wotan. Es ist ein gutes Stück Arbeit. Springen mag er nicht und schnelle Bewegung auch nicht. Jeden Tag verlässt Vera schweißgebadet den Abreitplatz. Vera müht sich und müht sich. Sie muss gewinnen! Sie hat es Komet versprochen.

Endlich ist der Tag des Springturniers da. Ein Pferd nach dem anderen geht über den Parcours. Hindernisse werden abgeworfen, einige Pferde verweigern, und der ein oder andere Reiter verlässt unfreiwillig den Pferderücken. Der Parcours ist schwer! Vera hat die vorletzte Startnummer. Nach ihr ist Tom auf Komet an der Reihe. Unruhig beobachtet sie die Reiter im Parcours. Bis jetzt ist keiner mit null Fehlerpunkten durchs Ziel gegangen.

Jetzt ist Vera dran. Sie reitet auf Wotan in den Parcours ein.

„Wir begrüßen den Reiter mit der Nummer 18. Vera Neumann auf Wotan“, verkündet der Platzsprecher.

Vera nickt den Schiedsrichtern zu. Das Publikum applaudiert.

„Enttäusch mich nicht!“, flüstert sie Wotan zu.

Der stellt aufmerksam die Ohren auf. Da ertönt der Gong. Vera treibt Wotan an. Schon geht es über das erste Hindernis: zwei über Kreuz gelegte Stangen. Perfekt! Weiter über den Oxer. Vera kann ihr Glück kaum fassen. Wotan geht butterweich unter ihr. Jetzt auf den Wassergraben zu. Vera merkt, dass Wotan langsamer wird. „Jetzt nicht aufgeben", flüstert sie ihm ins Ohr. Vera spürt, wie Wotan sich streckt. Dann das Ziel! Null Fehlerpunkte! Vera fällt Wotan um den Hals!

Da ertönt ein Räuspern aus den Lautsprechern. Der Platzsprecher erhebt die Stimme: „Einen Moment, bitte!" Dann hört man leises Flüstern. Es knackt im Lautsprecher, und der Platzsprecher verkündet: „Für den Reiter mit der Nummer 18, Vera Neumann auf Wotan, drei Fehlerpunkte wegen Zeitüberschreitung."

Zeitfehler? Laute „Oh"-Rufe von der Zuschauertribüne erfüllen den Platz.

Sofort schießen Vera die Tränen in die Augen. Sie hat es nicht geschafft. Und Komet wird null Fehler gehen und verkauft werden.

Niedergeschlagen reitet sie vom Platz. Aus den Augenwinkeln heraus sieht sie Tom auf Komet in den Parcours reiten. Vera sitzt ab und bedankt sich bei Wotan mit einem Leckerli. Er hat wirklich sein Bestes gegeben. Vera mag gar nicht sehen, wie Komet Hindernis für Hindernis elegant nimmt. Sie weiß, dass er gewinnen wird. Deshalb wundert es sie nicht, als das Publikum in tosenden Beifall ausbricht. Und der Platzsprecher verkündet: „Für den Reiter mit der Nummer 19, Tom Schmidt auf Komet, null Fehlerpunkte. Die Siegerehrung findet in wenigen Minuten statt!"

„Du warst toll!", ruft Max.

„Ich habe verloren. Und nur das zählt! Herr Schmidt wird Komet verkaufen", schluchzt Vera.

„Ich glaube, das überlege ich mir nochmal!“, ertönt Herrn Schmidts Stimme hinter ihr. „Es ist eine hervorragende Leistung, was du aus Wotan gemacht hast.“

„Ich verstehe kein Wort“, flüstert Vera.

„Hast du Lust, für meinen Reitverein Turniere zu reiten? Wenn du Komet mit nach Hause nimmst und er dort in einem Reitstall untergebracht wird, kannst du ihn jeden Tag trainieren“, erklärt Herr Schmidt. „Ich übernehme alle Kosten. Und wir haben beide was davon.“

Überglücklich strahlt Vera Herrn Schmidt an. Und Max flüstert ihr zu: „Jetzt glaube ich auch an Wunder!“

Ritt im Nebel

Jan und Lea hatten sich in aller Frühe aus dem Haus geschlichen. Auf dem Reiterhof war alles noch ganz ruhig gewesen. Im Stall hatten sie Wirbelwind und Stern gesattelt. Dann waren sie losgeritten. In Richtung Strand.

„Wer als Erster am Meer ist!“, rief Jan, und schon sprengte er los.

Lea galoppierte auf Stern hinter ihm her.

Der Sand wirbelte unter den Hufen der Pferde auf, und der Seewind schlug ihnen entgegen. Immer mehr trieb Lea Stern an, und bald hatte sie Jan überholt.

„Gewonnen!", jubelte sie, als unter Sterns Hufen das Meerwasser aufspritzte.

„Nicht schlecht!", gab Jan anerkennend zurück.

Lea lenkte Stern nach links. Immer am Saum des Wassers entlang trabten die Kinder auf ihren Pferden über den Strand.

„Guck mal!“, rief Lea. „Eine alte Hütte. Für was die wohl benutzt wird?“

„Keine Ahnung!“, brummte Jan.

Eine ganze Weile ritten sie wortlos dahin. Doch plötzlich scheute erst Wirbelwind, dann Stern. Beide weigerten sich weiterzugehen.

„Was ist denn los, ihr zwei?“, fragte Jan und versuchte, Wirbelwind anzutreiben.

Nichts zu machen! Da bemerkten die Kinder erst, warum die Pferde sich so seltsam verhielten. Nebel zog auf. Blitzschnell krochen die Nebelschwaden über das Meer und umhüllten alles mit ihrem gräulich weißen Schleier. Die Kinder saßen in der Falle!

„Verdammt!“, fluchte Jan. „Die Pferde wollten uns warnen!“

„Was machen wir denn jetzt?“, jammerte Lea.

„Wir müssen uns einen Unterschlupf suchen, in dem wir den Nebel abwarten können“, schlug Jan vor.

„Die Hütte?“, fragte Lea.
„Prima Idee!“, antwortete Jan.
Die Kinder glitten aus den Sätteln und wendeten die Pferde. Dann führten sie diese am Wasser entlang zurück. Lea drängte sich so nahe wie möglich an Jan. Ihr war schrecklich unheimlich zu Mute. Mit einem Mal blieb Jan wie angewurzelt stehen.

„Was ist?“, fragte Lea und folgte Jans Blick.

Fast hätte sie laut geschrien. Nicht weit von ihnen entfernt stand eine Gestalt. Sie trug Ölzeug und schwenkte eine Laterne. Dann tauchte wie aus dem Nichts ein Boot auf. Die Gestalt rannte darauf zu. Männer sprangen über die Reling und zogen das Boot an Land. Lea und Jan beobachteten, wie die Männer irgendetwas von Bord schleppten und der Gestalt mit der Laterne folgten.

„Schmuggler!“, raunte Jan aufgeregt. „Sie nutzen den Nebel, um nicht entdeckt zu werden!“

Lea spürte, wie ihre Knie weich wurden.

Jan griff Wirbelwinds Zügel fester und entschied: „Wir müssen sie verfolgen!“

Leas Proteste nutzten nichts. Jan war fest entschlossen. Die Pferde an den Zügeln, folgten die Kinder dem Licht. Sie waren vorsichtig darauf bedacht, nicht zu nahe an die Männer heranzukommen. Nach einer Weile hörten sie ein leises Knarren, und der Lichtschein verschwand.

„Was ist los?“, zischte Lea.

Jan legte einen Finger gegen die Lippen. Langsam gingen sie weiter. Da hob sich aus dem Nebel die Hütte ab.

„Sie sind bestimmt da drin“, flüsterte Jan mit bebender Stimme.

Die Kinder banden die Pferde an und schlichen zum Fenster. Licht strahlte nach draußen. Jan und Lea linsten vorsichtig hinein. Die Männer hantierten mit irgendetwas. Als Lea sich auf die Zehenspitzen stellte, um besser sehen zu können, ertönte hinter ihr eine Stimme: „Was habt ihr denn hier zu suchen? Noch dazu bei diesem Wetter?“

Die Kinder wirbelten herum. Der Mann im Ölzeug stand hinter ihnen und zerrte sie in die Hütte.

„Jetzt ist es aus mit uns!“, dachte Lea.

Fünf Männer starrten sie mit undurchdringlichen Gesichtern an.

„W-w-wir haben einen Ausritt gemacht und s-sind vom Nebel überrascht worden“, stammelte Jan. „Lassen Sie uns einfach wieder gehen. Wir werden auch nicht verraten, dass Sie Schmuggler sind!"

„Was sind wir?", fragte der Mann im Ölzeug und lachte.

Lea schloss die Augen. Jetzt war es vorbei! Aber da brachen die Männer in lautes Gelächter aus.

„Wir sind Fischer, die genau wie ihr vom Nebel überrascht worden sind“, erklärte einer der Männer. „Hein hat uns mit der Laterne den Weg geleuchtet. Sonst hätten wir den Strand nicht gefunden.“

„Fischer!“, wiederholte Lea erleichtert.

„Wir haben den Fang mitgebracht und wollen uns frischen Fisch grillen. Wenn ihr wollt, könnt ihr mitessen“, sagte Hein und lachte freundlich.

„Wenn wir dürfen“, sagte Jan zaghaft.

„Na klar“, erwiderte Hein. „Schmugglerjagd und ein Ritt im Nebel machen doch hungrig!“

Vorsicht, Ansteckungsgefahr!

Kara wollte ihren Ohren nicht trauen.
„Jetzt mal langsam, zum Mitschreiben", sagte sie. „Ich soll mit Ruth in die Reiterferien fahren?"

Karas Mutter seufzte und erklärte nochmal: „Ich möchte deinen Vater auf eine Geschäftsreise begleiten. Und weil wir dich nicht mitnehmen können, wirst du mit Ruth in die Reiterferien fahren. Was stellst du dich eigentlich so an? Ich denke, Ruth ist deine beste Freundin!"

„Ja, schon“, erwiderte Kara und zog eine Schnute. „Aber müssen es unbedingt Reiterferien sein? Ich mache mir nun mal nichts aus Pferden! Und wenn Ruth ein Pferd sieht, dann dreht sie jedes Mal total durch. Schrecklich!“

Aber Karas Mutter blieb unerbittlich. Der Urlaub war gebucht. Und Kara musste fahren.

Am nächsten Wochenende trafen Ruth und Kara auf dem Reiterhof ein. Mit langem Gesicht schlurfte Kara hinter ihrer Freundin her. Sie war felsenfest entschlossen, alles fürchterlich zu finden. Aufgeregt rannte Ruth von hier nach da und zeigte Kara den ganzen Hof. Sie hatte nur noch Augen für die Pferde.

„Hier ist der Abreitplatz“, erklärte Ruth. „Und dahinten ist die Reithalle. Bei schlechtem Wetter werden wir dort Unterricht haben.“

„Ich bestimmt nicht“, erwiderte Kara.

„Versuch es doch wenigstens mal“, bat Ruth. „Vielleicht macht es dir ja Spaß.“

„Ich will aber nicht!“, gab Kara schnippisch zurück.

Ruth zuckte die Achseln und ging weiter.

„Jetzt zeige ich dir mein absolutes Lieblingspferd!“, rief sie und stürmte in den Stall. Als Kara die Stallgasse betrat, hielt sie sich sofort die Nase zu. Das stank ja widerlich!

Ruth deutete auf das Pferd, das gerade Wasser trank, und erklärte stolz: „Das ist mein Napoleon.“ Nun nahm sie den Kopf des Pferdes in beide Hände und gab ihm einen Kuss auf die nasse Schnauze.

„Iiigitt!“, kreischte Kara angeekelt.
„Ist doch nur Wasser“, erwiderte Ruth kopfschüttelnd. „Willst du ihn nicht auch mal begrüßen? Sein Fell ist so schön weich.“
„Nö, wieso sollte ich?“, gab Kara zurück.
„Dann eben nicht“, antwortete Ruth.
Wortlos schritten die Mädchen an den anderen Boxen vorbei. Plötzlich blieb Ruth stehen und deutete auf ein Pony mit einem sehr dicken Bauch.
„Das ist Fee“, sagte sie. „Sie bekommt bald ein Fohlen. Wahrscheinlich schon heute Nacht. Ich habe gefragt. Wenn wir wollen, dürfen wir im Stall übernachten. Dann können wir die Geburt miterleben. Das wäre doch toll, oder?“
„Ruth“, setzte Kara an. „Du weißt doch, ich mache mir nichts aus Pferden. Wenn du unbedingt willst, kannst du ja im Stall schlafen. Aber ich schlafe lieber im weichen Bett.“
Jetzt platzte Ruth der Kragen.

„Warum bist du überhaupt mitgekommen?“, schrie sie ihre Freundin an. „Du mäkelst ja nur an allem herum!“

Mit Tränen in den Augen stürmte sie davon.

In dieser Nacht konnte Kara nicht einschlafen. So sehr hatte sie sich noch nie mit Ruth gestritten. Immer wieder guckte sie auf Ruths leeres Bett. Die Sache musste geklärt werden. Im Schlafanzug rannte sie zum Stall hinüber. Sie fand Ruth in Fees Box. Mit einer Decke über den Schultern lehnte sie an der Wand.

„Was machst du denn hier?“, zischte Ruth Kara entgegen.

„Ich will mit dir reden!“, antwortete Kara. Dann holte sie tief Luft: „Es tut mir Leid, dass ich so eklig war. Aber die Sache ist die ...“ Unsicher druckste sie herum. Dann fasste sie sich ein Herz und sagte: „Immer wenn du ein Pferd siehst, spiel ich nur noch die zweite Geige!“

Ruth schaute sie nachdenklich an.

„Du bist eifersüchtig?“, fragte sie ungläubig.

Kara nickte. „Ich glaube schon.“

„Mann, das ist doch Blödsinn. Ich möchte gerne mit *dir* reiten und mit *dir* die Pferde versorgen. Zusammen macht es doch noch viel mehr Spaß“, antwortete Ruth.

Noch bevor Kara etwas sagen konnte, machte sich Fee bemerkbar. Das Fohlen kam. Schnell gaben die Kinder Helga, der Besitzerin des Reiterhofes, Bescheid. Alles lief wie am Schnürchen. Der Tierarzt musste gar nicht erst gerufen werden. Gespannt verfolgten Ruth und Kara die Geburt des Fohlens.

Als es wenige Minuten später unsicher auf seinen Beinchen durch die Box stakste, rief Kara begeistert: „Ist das süß!“ Sie kniete sich daneben und streichelte es. Sofort fasste das Fohlen Zutrauen und leckte Karas Gesicht ab. Das fand sie gar nicht eklig.

„Sieh nur, Ruth, es mag mich“, rief Kara glücklich. „Können wir es mal zu einem Ausritt mitnehmen?“, fragte sie.

„Damit müssen wir noch etwas warten“, lachte Ruth.

„Aber wieso Ausritt? Du kannst doch gar nicht reiten!“

„Aber ich kann es lernen! Wozu bin ich schließlich hier?“, gab Kara augenzwinkernd zurück.

Chinesenrallye

Reiten ist mein größtes Hobby. Da trifft es sich gut, dass meine Tante Polly einen Reiterhof hat. Jedes Jahr fahre ich in den Sommerferien dorthin.

Auf dem Reiterhof machen viele Kinder Reiterferien. Lukas und Mia sind zwei davon. Sie sind Zwillinge, und genau wie ich kommen sie jedes Jahr wieder. So sind wir drei die besten Freunde geworden.

Tante Polly hat die allerschönsten Isländer weit und breit. Und Lukas, Mia und ich reiten jedes Jahr dieselben. Lukas reitet den vorwitzigen Jo, Mia die sanfte Lolo und ich den wilden Ikarus.

Der Höhepunkt ist jedes Jahr die Chinesenrallye. Das ist eine Art Schnitzeljagd, bei der man auch Aufgaben erfüllen muss.

Eigentlich ist dieses Jahr alles wie immer. Außer dass Tante Polly nicht so viel lacht wie sonst, sondern eher nachdenklich, fast ein bisschen traurig ist.

Eines Morgens, Lukas, Mia und ich misten gerade den Stall aus, kommt sie zu uns.

„Kinder, ich muss euch etwas sagen“, beginnt sie niedergeschlagen. „Wie ihr wisst, habe ich letzten Sommer den Hof renovieren lassen. Das hat sehr viel Geld gekostet, das die Bank mir geliehen hat. Aber jetzt kann ich die monatlichen Raten nicht mehr zurückzahlen. Wenn ich den

Hof behalten will, sehe ich keinen anderen Ausweg mehr, als ein paar Isländer zu verkaufen. Eure sind leider auch dabei."

Lukas, Mia und ich starren Tante Polly ungläubig an.

„Wir könnten doch Zeitungen austragen!", schlägt Mia vor.

„Oder babysitten", rufe ich.

„Oder Hunde ausführen", ergänzt Lukas.

Tante Polly nimmt uns in den Arm.

„Meine lieben Kinder, ich brauche sehr viel Geld. So viel könnt ihr nicht verdienen", sagt sie betrübt.

Damit hat Tante Polly leider Recht.

Eigentlich ist uns die Lust auf die Chinesenrallye gehörig vergangen. Aber Tante Polly besteht darauf, dass wir mitmachen. Also reiten wir in den Hof zu den anderen. Tante Polly verteilt die Zettel, und es geht los.

Die Pfeile auf dem Zettel schicken uns ein gutes Stück geradeaus durch den Wald. Dann an einer Wegeskreuzung

nach links. An der nächsten müssen wir Halt machen. Unsere Aufgabe ist es, die gefällten Baumstämme, die hier liegen, zu zählen.

Danach geht es weiter. Unser Weg führt uns über eine riesengroße Wiese. Wir lassen die Zügel lang und galoppieren die

Isländer an. Bei dem Gedanken, dass dies meine letzte Rallye mit Ikarus ist, schießen mir die Tränen in die Augen.

Unser nächstes Ziel ist ein Reitstall, in dem nur wahnsinnig teure Galopper zu Hause sind. Einer von ihnen, ein Rappe, wird gerade von einem Jockey zur Trainingsbahn geführt. Wir reiten auf den Jockey zu, erzählen kurz, was wir

machen, und Mia liest unsere nächste Aufgabe vor: „Wie heißt das teuerste Pferd im Stall?“ Wir schauen den Jockey erwartungsvoll an.

„Da habt ihr aber Glück“, sagt der Jockey. Mit einer Hand klopft er den Hals des Rappen. „Das hier ist unser wertvollster Schatz, Wüstenwind!“

Wir notieren den Namen und reiten weiter.

Als wir fertig sind, galoppieren wir, so schnell wir können, zum Reitstall zurück. Wir haben alle Aufgaben gelöst und liegen gut in der Zeit.

Plötzlich ertönt ein aufgeregtes Pferdegewieher.

„Wo kommt das her?“, fragt Lukas.

Wir lauschen. Schon wieder. Das Pferd muss in wahnsinniger Panik sein. Wir wenden die Isländer und galoppieren in die Richtung, aus der das Wiehern gekommen ist.

Und da sehen wir es: Es ist Wüstenwind!

Er muss ausgerissen sein. Mit der Trense hat er sich unglücklich an einem Zaunpfahl verfangen. Ungestüm springt er, laut wiehernd, hin und her und versucht, sich zu befreien. Mit Schreck sehe ich, dass zwischen den Pfählen Stacheldraht gespannt ist.

Blitzschnell springen Lukas, Mia und ich

aus den Sätteln. Es gelingt uns, Wüstenwind zu beruhigen und ihn zu befreien, bevor er sich am Stacheldraht verletzt.

Den ersten Preis bei der Chinesenrallye gewinnen wir natürlich nicht. Aber dafür bekommen wir eine viel größere Belohnung. Für Wüstenwinds Rettung schenkt uns sein Besitzer so viel Geld, dass Tante Polly keinen einzigen Isländer verkaufen muss.

Anne Braun wurde 1956 im Schwäbischen geboren und studierte Sprachen an der Universität Heidelberg. Seit ihrem Studienabschluss arbeitet sie freiberuflich als Sprachlehrerin, Übersetzerin, Herausgeberin und Autorin im Kinderbuchbereich.

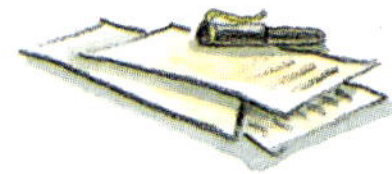

Dorothea Ackroyd wurde 1960 in Herford geboren. Sie studierte „Visuelle Kommunikation" und Grafik-Design. Danach arbeitete sie freiberuflich als Illustratorin, seit der Geburt ihrer Tochter immer mehr für Kinder- und Jugendbuchverlage.

Alexandra Fischer-Hunold wurde 1966 in Düsseldorf geboren. Sie studierte Germanistik und Anglistik und arbeitete im Anschluss daran bei einem Kölner Reiseführerverlag. Seit einiger Zeit schreibt sie Kinderbücher und Vorlesegeschichten. Als ihre Tochter mit dem Voltigieren begann, konnte sie selbst nicht widerstehen. Sie nahm Reitstunden und entdeckt jetzt für sich das Glück der Erde auf dem Rücken der Pferde.

Anne Wöstheinrich, geboren 1969, studierte Grafik-Design in Münster. Schon als Kind hat sie sich die Zeit mit Bildern vertrieben. Heute illustriert sie Kinder-, Jugend- und Schulbücher. Ihre beiden Töchter liefern ihr dafür viele Einfälle und Ideen.

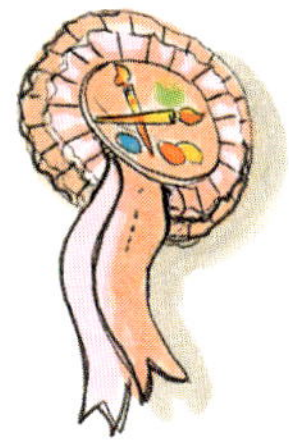